Andreas Seebeck
Febe Homrighausen

MISOPHONIE

Lisas Wut und die Geräusche

LOTUS PRESS

INHALT

Teil 1 - Misophonie verstehen

Das ist Lisa	6
Lisa mag nicht mehr mitessen	8
Was Lisa fühlt	10
Die Klassenarbeit	12
Lisa kann dem Unterricht nicht mehr folgen	14
Trigger	16
Lisa will nur noch allein sein	18
Lisa kann nicht mehr schlafen	20
Lisas Eltern verstehen sie nicht	22
Kein Arzt versteht Lisa	24
Lisa hat Angst vor der Zukunft	26
Lisa hat Misophonie!	28
Ein Grundprinzip für die Heilung	30
Wie Misophonie schlimmer wird	32
Wie Misophonie unverändert bleibt	34
Wie Misophonie besser wird	36

Teil 2 - Was bei Misophonie hilft

Trigger vermeiden - jede Menge Möglichkeiten	40
Maßnahmen beim Essen	42
Kopfhörer	44
Schule	46
Freunde	48
Progressive Muskelentspannung nach Jacobson (PME)	50
Liebes Reptiliengehirn, danke für die Warnung...	52
Klopfakupressur	54
Verhaltenstherapie	56
Konfrontation unter Entspannung	58
Hypnose	60
Tinnitus-Retraining-Therapie	62
Neurolinguistisches Programmieren (NLP) mit Klopfakupressur kombiniert	64
Trauma and Tension Releasing Exercises (TRE)	66
PME als Therapie: 3-Schritte-Anleitung	68
PME als Therapie: Die Anwendung	74
Für Nicht-Betroffene: Ein Ausflug in die Gewaltfreie Kommunikation (GFK)	76
Weitere Literatur	80

Rechtlicher Hinweis: Die Methoden und Anregungen in diesem Buch stellen die Meinungen und Erfahrungen der Autoren dar. Sie wurden nach bestem Wissen erstellt und mit größtmöglicher Sorgfalt geprüft. Dieses Buch soll den Gang zum Arzt nicht ersetzen. Jeder Leser ist für das eigene Tun und Lassen selbst verantwortlich. Weder die Autoren noch der Verlag haften für eventuelle Nachteile oder Schäden, die aus den im Buch gegebenen praktischen Ratschlägen resultieren.

Teil 1
Misophonie verstehen

! Misophonie kann jeder und in jedem Alter bekommen. Meistens entsteht sie allerdings im Alter von 8 bis 12 Jahren und es trifft eher Menschen, die ihrer Umwelt gegenüber offen sind und sich von Sinneseindrücken nur schwer abwenden können.

Das ist Lisa

Lisa geht es gut. Die Schule macht ihr Spaß, sie geht schon in die dritte Klasse. Zu Hause spielt sie am liebsten draußen im Garten. Ihre Eltern sind die besten Eltern, die es gibt. Da ist nur diese eine Sache...

Wie entsteht Misophonie?

Misophonie entsteht meist durch Konditionierung. Eine körperliche Anspannung (oft durch Stress verursacht) und ein sich wiederholendes Geräusch (z. B. Ess- oder Atemgeräusche, Stimmen im anliegenden Zimmer, Tippen, das Aussprechen bestimmter Konsonanten, Uhrenticken) werden vom Unterbewusstsein miteinander verbunden, einfach weil sie gleichzeitig wahrgenommen werden.

Der große emotionale Druck, der oft in der Schule entsteht, ist leider ein idealer Nährboden für die Entwicklung von Misophonie. Eine typische Situation: Das Kind kommt gestresst aus der Schule und sitzt entsprechend angespannt am Mittagstisch. Unter dieser Anspannung nimmt es z. B. Kaugeräusche der Mutter wahr.

Einmal konditioniert reicht dann das Hören des Geräusches, um die Anspannung auszulösen. Diese wiederum löst einen angeborenen Wut- oder Ekelreflex aus, weil sie vom Unterbewusstsein irrtümlich als Angriff interpretiert wird.

Wie alle anderen Reflexe (z.B. Erröten) kann auch dieser nicht unterbunden werden.

Lisa mag nicht mehr mitessen

In letzter Zeit geht sie nur noch ungern zum Mittagessen, denn da kommt immer diese Wut. Die wächst und wächst, je länger sie am Tisch sitzt und den anderen beim Essen zuhört. Es kommt ihr so vor, als wenn es hauptsächlich Mamas Essgeräusche wären, die sie immer wütender machen.

Vor einiger Zeit hat sie das auch mal gesagt, aber die anderen haben sie nur verständnislos angeschaut. Mama isst doch ganz normal, Papa und Lisas kleine Schwester Janina hören von niemandem das Kauen oder Schlucken. Seitdem traut sie sich nicht mehr etwas zu sagen. Und es scheint immer schlimmer zu werden. Das macht ihr große Angst und sie weiß nicht, was sie tun soll.

Wer hat Schuld?

Eine misophonische Reaktion trägt alle Anzeichen einer klassischen Konditionierung. Um sie auszulösen, reicht das Zusammenkommen von Anspannung und Geräusch. Es braucht also kein traumatisches oder anders geartetes negatives Erlebnis zugrunde zu liegen! Lisas Mutter ist nur zufällig deren Triggerperson geworden, nicht, weil sie ihr irgendetwas getan hätte.

Das Unterbewusstsein nimmt es anfangs oft sehr genau: Nur die typischen Geräusche einer bestimmten Person triggern. Eine Ausweitung findet gewöhnlich erst später statt.

Was Lisa fühlt

Lisa sitzt am Esstisch und hört Mama kauen. Das Geräusch ist nicht besonders laut oder abstoßend, und trotzdem ist da in ihr diese ungeheure Wut. Was ist bloß los - sie hat Mama doch lieb. Sie möchte schreien und irgendwo draufhauen. Sie weiß, dass diese Reaktion falsch wäre, aber das hilft ihr auch nicht weiter. Und dann kommt das nächste Kaugeräusch, das alles noch schlimmer macht. Und das nächste. Und wieder das nächste. Immer schwerer kann sie nach außen hin die Ruhe bewahren.

Tränen rinnen aus ihren Augen, die gleichzeitig voller Wut sind. Sie nimmt alle Kraft zusammen und sagt, dass sie keinen Hunger mehr hat und gehen möchte. Mama bittet sie liebevoll, doch am Tisch sitzen zu bleiben, bis alle aufgegessen haben. Lisa ist verzweifelt und am Ende ihrer Kraft. Alles dreht sich, sie nimmt nur noch diese übermächtige schmerzende Wut war. Und das nächste Kaugeräusch, immer wieder das nächste.

Was im Körper abläuft

Für die Misophonie sind nur die unbewussten Teile des Gehirns verantwortlich. Das „Reptiliengehirn" löst den emotionalen Reflex des limbischen Systems aus. Daher können Misophoniker ihre Reaktion auf den Trigger genauso wenig kontrollieren wie z. B. einen Schweißausbruch. Auch die äußeren Umstände sind unwichtig - der Triggerstimulus löst die Emotionen jedes Mal aus, wenn das Reptiliengehirn ihn wahrnimmt.

Extreme Emotionen wie Wut, Ekel oder Verbitterung überwältigen den Misophoniker, evtl. fühlt er sich auch beleidigt oder angegriffen. Hilflosigkeit oder Trostlosigkeit können ebenfalls zu diesen starken Gefühlen gehören. Zu den Emotionen kommen physiologische Reaktionen: Muskelanspannung, beschleunigter Herzschlag, Schwitzen oder extreme Stressgefühle. Die Stress- und Wutbotenstoffe wie Serotonin und Adrenalin werden reflexartig ausgeschüttet. Von der Natur sind sie dafür vorgesehen, als Antwort auf einen tatsächlichen Angriff zur Aktion zu befähigen. Zwingt sich der Misophoniker, still sitzen zu bleiben, bleibt der Chemiecocktail noch länger im Körper und schwächt seine Konzentrationsfähigkeit immens. Sogar die Schrift verändert sich. Die Unfähigkeit, sich trotz größter Bemühungen zu konzentrieren, führt zu Frustration und weiterem Stress, oft auch zu Schuldgefühlen. All das wiederum verstärkt misophonische Reaktionen und führt so zu einer Abwärtsspirale.

Die Klassenarbeit

Lisa ist verzweifelt. Jetzt ist es auch in der Schule passiert - und ausgerechnet bei der Klassenarbeit. Immer, wenn einer ihrer Mitschüler etwas aus seiner Flasche getrunken hat, kam wieder diese Wut. Dann konnte sie sich überhaupt nicht mehr auf die Arbeit konzentrieren. Warum muss sie immer diese Schluckgeräusche hören, die sind ihr doch sonst nicht aufgefallen! Sie konnte nur noch da sitzen und und hoffen, dass die anderen endlich aufhören, etwas zu trinken. Erst gegen Ende der Stunde konnte sie noch ein paar Sätze schreiben. Und das Mittagessen zu Hause war danach so schlimm wie nie zuvor.

Ein Teufelskreis

Der Dauerstress, unter dem ein Misophoniker steht, der fortwährend getriggert wird, führt zu einer starken körperlichen Anspannung. Die wiederum ermöglicht die Bildung von neuen Triggern. Denn jedes sich wiederholende Geräusch und jede sich wiederholende Geste, die unter dieser enormen körperlichen Anspannung wahrgenommen wird, kann zu einem weiteren Trigger werden.

Lisa kann dem Unterricht nicht mehr folgen

Lisa mag nicht mehr in die Schule gehen, seitdem sie bemerkt hat wie viele Klassenkameraden Kaugummi kauen und wie eklig das klingt und aussieht. Sie wird so wütend dabei, dass sie einfach nur irgendwo draufhauen möchte. Sie hört überhaupt nicht mehr, was die Lehrer sagen. Sie wartet nur noch, dass die Stunde endlich zu Ende ist und sie sich in eine ruhige Ecke setzen kann.

das Wort „ähm" das Kratzen der Gabel an den Zähnen
heisere Stimmen
Murmeln
Kühlschrankbrummen
Taktil: bestimmte Textilien berühren
nach einem Schluck durchatmen
das Einräumen der Spülmaschine
Gelenkknacken
Taktil: eine Tastatur berühren
Schnauben
der Laut "S" oder "P" beim Sprechen
Visuell: Essen zum Mund führen
Bass durch die Wände (auch taktil)
Kopierer
Schlucken
Fön
Flüstern
Singen
Trig
regelmäßiges Atmen
Krähen eines Hahnes
Warn-Piepton im Auto
mit vollem Mund reden
Hundegebell Frösche
Nagelklipsen
Warn-Piepen beim Rückwärts fahren
bestimmte Gerüche
Rasierer
Schlürfen
schwere Fußtritte
Mausklicken
das Klopfen von Rohren
Husten
Visuell: mit dem Fuß wippen
Unterhaltungen im Hintergrund
Visuell: mit dem Finger über das Smartphone streichen
das Klopfen eines Stiftes oder Fingers auf dem Tisch
Vogelgezwitscher Visuell: mit einer Haarsträhne spielen
Visuell: das Gesicht berühren

eine Plastikflasche quetschen · pfeifender Atmen
Schniefen · Visuell: mit dem Finger zeigen · Verkehrsgeräusche
das Klicken eines Kugelschreibers · Toilettenspülung · Umblättern
nach einem Schluck „ah" sagen
Flip-Flops · mit einem Bleistift · Knistern einer Chipstüte
Gläserklirren · auf Papier schreiben · bestimmte Worte · Schnarchen
das Ticken einer Uhr
Geschirr spülen · Fernseher im Hintergrund
Taktil: Papier berühren
Visuell: Zwinkern
Türenknallen

ger

Gewinsel · Kratzen
Visuell: Kieferbewegung (Kauen)
Laufen auf oberem Stockwerk
das Zuschlagen einer Autotür · Summen
aufprallende Bälle · Zähneknirschen
Räuspern · an den Zähnen saugen
Tippen · durch die Nase atmen
Kauen · Küssen · Gähnen
Pfeifen · Scharren von Füßen
das Klimpern eines Löffels am Geschirr · Grillengezirpe
raue Stimmen

Endstation soziale Vereinsamung

Die Audiologin Marsha Johnson beschrieb die Störung, die heute als Misophonie bekannt ist, bereits 1997 und nannte sie damals „Selektive Geräuschintoleranz - Selective Sound Sensitivity Syndrome" (4S). Sie entwickelte einen Selbstbewertungsfragebogen für ihre Patienten, der auch heute noch Gültigkeit besitzt. Die Punkte geben einen Eindruck, wie umfassend sich Misophonie auf das Leben auswirkt.

Ich fühle mich aufgrund meiner Geräuschproblematik...

unglücklich / beeinträchtigt / wütend / unverstanden / grundlos gestraft / hilflos / in meinem Sozialleben beeinträchtigt / isoliert / frustriert / schuldig / als verrückt abgestempelt / hoffnungslos

Meine Geräuschproblematik...

*wirkt sich negativ auf mein Berufs- / Schulleben aus.
wirkt sich negativ auf mein ganzes Leben aus.*

Ich befürchte, dass...

*mir niemand in Bezug auf meine Geräuschproblematik helfen kann.
sich meine Geräuschproblematik immer nur verschlimmern wird.
mein ganzes Leben von meiner Geräuschproblematik bestimmt sein wird.*

Lisa will nur noch allein sein

Lisa will nie wieder ins Kino gehen. Wie soll man das toll finden, wenn überall Popcorn und Chips gegessen werden? Sie will auch nicht mehr mit der Familie fernsehen, denn da stehen immer Chips auf dem Tisch. Wenn sie sich mit ihren Freundinnen trifft, ist es nur so lange schön, bis jemand etwas zu Essen auf den Tisch stellt. Eigentlich will Lisa niemanden mehr sehen und vor allem nicht hören.

Ein Leben, das von der Misophonie bestimmt wird

- Unbehandelt und unverstanden führen immer mehr Trigger zu immer mehr Triggern. Die Ruheoasen werden immer weniger, der Dauerstress führt auch zu gesundheitlichen Problemen, besonders wenn Schlafmangel noch hinzukommt.

Lisa kann nicht mehr schlafen

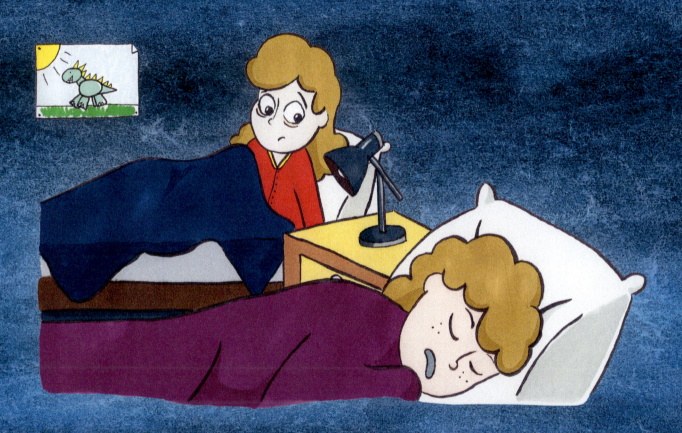

Lisa schläft mit ihrer kleinen Schwester in einem Zimmer. Seitdem die so laut geatmet hat, als sie erkältet war, und Lisa deswegen nicht schlafen konnte, fallen ihr auch überall Atemgeräusche auf. Auch wenn Janina jetzt wieder ganz normal Luft bekommt, kann Lisa einfach nicht weghören und bekommt gar keinen Schlaf mehr.

! Nicht-Misophoniker können nur schwer nachvollziehen, wie es sich anfühlt, getriggert zu werden. Fatal ist, dass sie aber oft denken, sie könnten es. Aber wenn man ein bestimmtes Geräusch nicht mag, dann ist das noch keine Misophonie! Die misophonische Reaktion ist wie ein Nagel, den einem jemand in die Hand schlägt. Das ist nicht etwas, was man nicht mögen, sondern etwas, das man hassen würde. Etwas, bei man sofort aktiv werden würde, bevor der andere den zweiten Nagel ansetzt.

Lisas Eltern verstehen sie nicht

Papa und Mama ist aufgefallen, dass es Lisa nicht gut geht. Lisa hat ihnen dann erzählt, dass es sie so wütend macht, wenn sie andere Leute essen, trinken oder auch nur atmen hört. Papa und Mama wussten aber auch nicht, wie sie ihr helfen sollen.
Sie haben ihr erklärt, dass diese Geräusche, die sie so wütend machen, ganz normale Geräusche sind, an die man sich gewöhnen muss. Lisa glaubt nicht, dass sie sich daran gewöhnen kann.

Im Gegenteil:
Es wird ja alles immer schlimmer.

! Misophonie ist in medizinischen und psychologischen Kreisen zur Zeit noch eher unbekannt, was zu einem breiten Spektrum an Fehldiagnosen führt:

ADHS (Aufmerksamkeitsdefizit- / Hyperaktivitätsstörung),
affektive Störung,
asoziale Persönlichkeitsstörung,
Autismus,
bipolare Störung,
Depressionen,
Hochsensibilität,
Hyperakusis,
Krampfanfälle,
Migräne,
Mutter-Kind-Drama,
Nervenstörung,
paranoide Persönlichkeitsstörung,
Phobie,
PTBS (Posttraumatische Belastungsstörung),
Sinnesverarbeitungsstörung,
Zwangsstörung und viele mehr.

Ein weit verbreiteter therapeutischer Ratschlag ist, die Geräusche zu ignorieren oder sich ihnen sogar bewusst auszusetzen. Bei Zwangsstörungen oder Phobien kann das durchaus sinnvoll sein. Bei Misophonie führt es höchstens zur Verschlimmerung.

Kein Arzt versteht Lisa

Lisas Noten werden immer schlechter. Sie geht auch nicht mehr zu Freunden. Mama war mit ihr beim Arzt. Der wusste aber auch nicht weiter.

! Viele Misophoniker machen die Erfahrung, dass

- Trigger immer nur mehr werden.
- ihr Leben dadurch immer stärker und stärker eingeschränkt wird.
- kein guter Rat und kein Arzt helfen kann.

Die Angst, dass das Leben in naher oder ferner Zukunft nicht mehr lebenswert erscheint, ist groß und durchaus nicht unbegründet. Unbehandelt nimmt Misophonie eher zu als dass sie von allein wieder verschwindet.

Medikamente wie Antidepressiva oder Neuroleptika und andere Mittel (z. B. Hanföl, Magnesium) helfen leider nur in Einzelfällen.

Lisa hat Angst vor der Zukunft

Was soll werden, wenn sie mal einen Freund hat, wie soll sie mit ihm zusammenleben, wenn sie auf seine Ess- und Atemgeräusche reagiert? Oder wenn sie mal selbst ein Kind hat und auf ihr eigenes Kind so reagiert?

! Große Erleichterung stellt sich oft schon dadurch ein, dass das Problem einen Namen bekommt.

- Ich bin nicht allein, Misophonie haben viele Menschen.
- Ich stelle mich nicht an und bin auch nicht verrückt.
- Die Wut ist Zeichen der Misophonie, sie richtet sich nicht auf den Auslöser des Geräusches.
- Ich muss Triggergeräusche nicht aushalten - im Gegenteil!
- Die Therapeuten, die mir bis jetzt nicht geglaubt haben, hatten einfach nur keine Ahnung von Misophonie.

Lisa hat Misophonie!

Papa hat herausgefunden, dass Lisa unter Misophonie leidet - wie ganz viele andere Kinder auch! Er hat auch erfahren, dass Misophonie immer schlimmer wird, wenn man versucht, die Geräusche einfach auszuhalten. Jetzt weiß er auch, dass die Familie und Lisa vieles ändern können, damit es ihr wieder besser geht. Und dass es ihr Reptiliengehirn ist, das die Wut erzeugt und sie nichts dagegen tun kann, so sehr sie auch will.

! Anspannung und Stress verschlimmern die Misophonie. Getriggert zu werden allein verursacht schon sehr viel Stress und Anspannung. Deshalb ist ein negativer Verlauf der Misophonie wahrscheinlicher als ein positiver.

Ein Grundprinzip für die Heilung

Entspannung

Nur in der Entspannung kann Misophonie gelindert bzw. geheilt werden.

Unter Anspannung wird Misophonie oftmals schlimmer.

Anspannung, Stress

! Prinzipiell kann jeder Misophonie bekommen, sie entsteht nicht aufgrund einer organischen Gehirnstörung oder -abnormalität. Je nach Veranlagung, Stärke der Anspannung und Geräusch bilden sich misophonische Trigger aber langsamer oder schneller.

Auch andere Sinnesreize wie visuelle Eindrücke (z. B. Fußwackeln oder sich ins Gesicht fassen) oder taktilen Reize (ein extremes Beispiel: die berühmte „chinesische Wassertropfenfolter") können zu Triggern werden.

Jedes Mal, wenn der Reiz unter Anspannung wahrgenommen wird, verschlimmert sich die Triggerwirkung ein wenig.

Wie Misophonie schlimmer wird

Starke Anspannung
+
Geräusch
=
Trigger entstehen

! In einem ausgeglichenen Zustand können in der Regel keine Trigger entstehen.

• Ist das Geräusch aber bereits ein Trigger, führt das zu einer Verstärkung der Anspannung, was wiederum zur Verstärkung des Triggers führt (siehe vorherige Regel). Ein Teufelskreis, der dafür verantwortlich ist, dass Misophonie bei den meisten Misophonikern immer schlimmer wird.

Wie Misophonie unverändert bleibt

Normale Anspannung
+
Geräusch
=
Trigger bleiben

! Misophonische Trigger verschwinden, wenn man sie wie eine Konditionierung auflöst, also entkonditioniert. Wenn man entspannt ist, kann man natürlich auch keine neuen Trigger bekommen.

Wie Misophonie besser wird

Geringe Anspannung
+
Geräusch
=
Trigger vergehen

Teil 2
Was bei Misophonie hilft

! Menschen, die nicht unter Misophonie leiden, können nur schwer nachvollziehen, wie es sich anfühlt, getriggert zu werden. Sie fühlen sich evtl. sogar angegriffen, wenn man ihnen sagt, dass man Geräusche, die sie verursachen, nicht aushalten kann. Sie sagen dann vielleicht: "Ich mag einige Geräusche auch nicht, aber ich stelle mich nicht so an." Eine gute Beschreibung kann da helfen, z. B.:

„Ich leide unter Misophonie. Ganz normale Sinneswahrnehmungen, meistens Geräusche, werden in meinem Unterbewusstsein als Angriff interpretiert und lösen ein extremes Gefühl von Wut aus. Das fühlt sich für mich an, als würde mir jemand eine Ohrfeige verpassen. Und durch das ganze Adrenalin, das dabei in mein Blut gepumpt wird, kann ich mich über Stunden nicht mehr konzentrieren."

Jede Menge Möglichkeiten

Lisa kann jetzt viel besser mit ihrer Misophonie umgehen.

- Für die ganze Familie ist es in Ordnung, dass sie sich jederzeit auf ihr Zimmer, ihre triggerfreie Oase, zurückziehen kann.

- Sie hat gelernt, anderen zu erklären, wie es ihr geht und wird jetzt viel besser verstanden.

- Sie achtet gut auf sich, weil sie weiß: Je wohler sie sich fühlt, desto weniger schlimm ist die Misophonie.

! Die richtigen Maßnahmen lindern die Misophonie sofort und reichen in manchen Fällen sogar aus, um z. B. wieder ein normales Beisammensein innerhalb der Familie zu ermöglichen. Wichtig ist, dass der Misophoniker gar nicht erst getriggert wird. Eine geräuschvolle Umgebung hilft da sehr. Das Horrorszenario für einen Misophoniker ist, in einer absolut stillen Umgebung mit jemandem zusammen zu sein, der ihn triggert. Hier kann die ganze Familie helfen. Die Sitzordnung am Tisch, fernsehen ohne Essen und das Radio im Hintergrund können sehr wirkungsvolle Sofortmaßnahmen sein.

Trigger vermeiden – Maßnahmen beim Essen

Seitdem ein Rauschgenerator auf dem Esstisch steht und das Radio im Hintergrund läuft, wird Lisa nur noch selten getriggert. Sie ist auch entspannter, weil sie weiß, dass sie jederzeit aufstehen kann, ohne dass sich jemand auf den Schlips getreten fühlt. Und abends sind die Knabbereien vom Wohnzimmertisch verbannt.

!

Je stiller die Umgebung ist, umso mehr reagiert das Gehirn auf akustische Trigger. Deshalb helfen Umgebungsgeräusche. Mit dem Smartphone z. B. lässt sich Rauschen über sogenannte „offene" Kopfhörer abspielen. Offene Kopfhörer verschließen den Gehörgang nicht, so dass man trotzdem noch etwas von seiner Umgebung mitbekommt.

Natürlich helfen auch Ohrstöpsel. Bei längerem Gebrauch regelt das Gehör allerdings nach und wird immer empfindlicher. Sie sollten also nur als kurzfristige Notlösung (z. B. während einer Klassenarbeit) eingesetzt werden. Sehr empfehlenswert sind vom Akustiker individuell an den Gehörgang angepasste Stöpsel, sogenannte Dämm- oder Otoplastiken.

Den besten Schutz vor jeglichen Außengeräuschen bieten geschlossene Kopfhörer, über die man Rauschen oder Musik hört. Alternativ dazu gibt es auch offene Kopfhörer mit Umgebungsgeräuschunterdrückung (Noise Cancelling), die bequemer, aber wesentlich teurer sind.

Kopfhörer

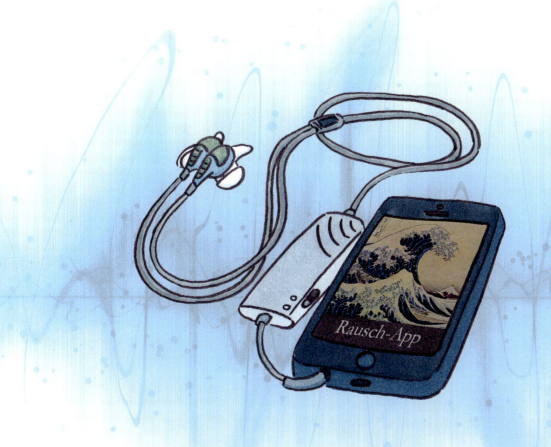

Lisa darf Kopfhörer oder Ohrstöpsel tragen, wo immer sie will. Nicht erst, wenn sie die Geräusche gar nicht mehr ertragen kann, sondern schon, bevor sie getriggert wird.

! Schulen müssen, genauso wie Arbeitgeber, per Gesetz (Behindertengleichstellungsgesetz BGG) Kindern mit Behinderungen entgegenkommen. Dieses Gesetz definiert Behinderung als einen Zustand, der eine oder mehrere grundlegende Lebensaktivitäten wie beispielsweise Lernen, Sprechen, Zuhören, Lesen, Schreiben oder Konzentrieren schwerwiegend einschränkt. Schüler mit Misophonie können sich auf dieses Gesetz berufen, denn ihre Konzentrationsfähigkeit ist erheblich eingeschränkt.

Studenten wenden sich an die Beratungsstelle für Studenten mit chronischen Erkrankungen und Behinderungen und stellen einen Antrag auf Nachteilsausgleich. Das dafür notwendige amtsärztliche Attest bekommen sie in der Regel problemlos. Der Nachteilsausgleich ermöglicht z. B. das Schreiben von Examen in einem separaten Raum.

Schule

Lisas Eltern haben mit der Lehrerin gesprochen. Sie achtet jetzt darauf, dass während des Unterrichts kein Kaugummi gekaut wird. Bei den Klassenarbeiten darf Lisa Ohrstöpsel tragen. Und sie darf jederzeit die Klasse verlassen.

! Offen mit Misophonie umzugehen ist ein wichtiger Punkt in der Bewältigung. Es ist jedoch immer abzuwägen, wie groß die Gefahr ist, dass die offengelegte Schwäche ausgenutzt wird. So etwas passiert nicht nur im Klassenverband, wenn manche Kinder es lustig finden, extra Triggergeräusche zu erzeugen. Auch im Berufsalltag können Mobber dadurch leichtes Spiel haben!

Freunde

Lisas Freundinnen wissen jetzt Bescheid. Sie haben Verständnis und essen nicht mehr in ihrer Gegenwart.

! Ein vollkommen entspannter Körper reagiert nur sehr gering auf Trigger, entstehen können erst recht keine. Deshalb lohnt es sich, eine Entspannungstechnik zu erlernen. Die Progressive Muskelentspannung (PME) nach Jacobson hat sich hier bewährt. Denn auch Entspannung lässt sich konditionieren und kann dann eingesetzt werden. Kurz bevor oder während man getriggert wird, kann man dann die Entspannung z. B. durch ein „Kodewort" wie „Entspann Dich!" aufgerufen. Dann ist der Trigger so gut wie wirkungslos. Eine Anleitung steht weiter hinten im Buch (PME als Therapie).

Progressive Muskelentspannung (PME) nach Jacobson

Lisa übt seit einiger Zeit regelmäßig, sich zu entspannen. Allmählich kann sie das jetzt in Situationen einsetzen, in denen sie getriggert wird.

! Das sogenannte Reptiliengehirn ist der innerste und älteste Bereich unseres Gehirns. Es kontrolliert alle automatischen und lebenswichtigen Körperfunktionen wie z. B. Atmung, Körpertemperatur und Schreckreflex.
Hier wird auch der Reflex erzeugt, der für die Misophonie verantwortlich ist. Die Wut, die dann entsteht, ist umso stärker, je angespannter der Körper sowieso schon ist. Deshalb sind alle Methoden und Maßnahmen sinnvoll, die den Körper entspannen. Ein Gefühl von Dankbarkeit, so absurd das in dem Moment auch erscheinen mag, entspannt den Körper auf tiefer Ebene. Der Dankbarkeitsreflex besänftigt sozusagen den Misophoniereflex.

Liebes Reptiliengehirn, Danke für die Warnung...

In einem Buch hat Papa gelesen, dass es nichts bringt, auf denjenigen böse zu sein, der das Geräusch verursacht, das einen triggert. Und auf sich selbst braucht Lisa auch nicht böse zu sein. Böse zu sein macht die Trigger nur schlimmer. Besser ist es, Danke zum Gehirn zu sagen, weil es ja nur helfen will. Es hält den Trigger für gefährlich und erzeugt die Wut, damit sie sich wehren kann. Wenn Lisa in dem Moment "Danke, liebes Reptiliengehirn, dass du mich beschützen willst, aber da ist gar keine Gefahr" sagt, geht die Wut viel schneller wieder weg.

! Das Beklopfen bestimmter Akupunkturpunkte bei gleichzeitiger achtsamer Beobachtung der eigenen Gefühle, unter anderem als Klopfakupressur bekannt, ist mittlerweile weltweit bekannt und in der Effektivität unübertroffen. Leider fällt Misophonie als Konditionierung eines aversiven Reflexes sehr aus dem Rahmen der Art von Beschwerden, die sich mit Klopftechniken leicht auflösen lassen. Die Hoffnung, dass man sich nur beklopfen muss, während man sich seinem Trigger aussetzt, ist vergeblich. Das wäre eine Konfrontation, die die Misophonie sogar noch verschlimmern kann!

Trotzdem kann die Klopfakupressur eingesetzt werden. Das Beklopfen der Meridiane hat eine beruhigende Wirkung. So lässt sich die Wut, nachdem man getriggert worden ist, durch Klopfen schneller loswerden. Auch die Angst, getriggert zu werden, kann man so auflösen.

Die Kombination mit der Danke-Technik im vorigen Kapitel hat sich sehr bewährt.

Klopfakupressur

1 = Scheitelpunkt
2 = Augenbrauenpunkt
3 = Seitlicher Augenpunkt
4 = Jochbeinpunkt
5 = Unter-der-Nase-Punkt
6 = Unterlippenpunkt
7 = Schlüsselbeinpunkt
8 = Unter-dem-Arm-Punkt

Lisa beklopft nun auch bestimmte Akupunkturpunkte, wenn sie wütend oder gestresst ist. Das hilft ihr, sich schneller wieder zu entspannen.

! Eine Studie der Universitätsklinik Amsterdam zeigt, dass bestimmte Methoden der Kognitiven Verhaltenstherapie bei Misophonie durchaus wirksam sind. Während man dort längst weiß, dass Expositionsübungen nicht dazugehören, werden hierzulande Misophonie-Patienten leider immer noch unnötigerweise mit Trigger-Konfrontationen gequält. Die Kognitive Verhaltenstherapie verbessert vor allem die zwischenmenschlichen Kompetenzen nachhaltig, indem geübt wird, negative Gedanken und nicht hilfreiche Verhaltensmuster durch effektivere zu ersetzen. Das führt zu einem entspannteren Alltag, was wiederum die Misophonie reduziert.

Die bei Phobien und Zwangserkrankungen üblichen Konfrontationsübungen verschlimmern die Misophonie höchstens. Anders dagegen ist die sogenannte Konfrontation unter Entspannung. Gestaffelte und ansteigende Konfrontationen mit dem Trigger, bei denen zu keinem Zeitpunkt die Misophonie-Emotionen wie Wut oder Ekel auftreten dürfen, sind durchaus erfolgversprechend. Es ist wichtig, dass man dabei ruhig und gelassen bleibt und während der andauernden Therapie sogar immer stressfreier wird.

Verhaltenstherapie

Die Therapeutin, zu der Lisa geht, hatte am Anfang keine Ahnung, was Misophonie ist. Sie hat sich dann aber informiert. Jetzt redet Lisa viel mit ihr über ihre Gefühle und darüber, wie sie sich selbst helfen kann. Außerdem macht sie tolle Entspannungsübungen mit Lisa. Sie ist sogar schon mal dabei eingeschlafen.

! Die üblichen Methoden zur Dekonditionierung funktionieren bei Misophonie prinzipiell gut. Die Theorie ist hier ganz einfach: Man bringt sich in einen positiven, entspannten Grundzustand. Die Geräusche, die dekonditioniert werden sollen, werden dann so schwach erzeugt (z. B. mit einem Smartphone abgespielt), dass man entspannt bleibt, also sozusagen unter der „Triggergrenze". Dadurch „verlernt" das Reptiliengehirn die misophonische Reaktion auf den Trigger.

Alles, was die Stimmung hebt, ist erlaubt: Lieblingsmusik, an etwas Schönes denken oder auch eine Massage. Wichtig ist, diese Übung wirklich nur so lange zu machen, wie man entspannt und glücklich ist. Das ist natürlich umso schwieriger, je weiter die Misophonie fortgeschritten ist.

Konfrontation unter Entspannung

Wenn Lisa ihre Lieblingssendung schaut, lacht sie oft oder geht begeistert mit ihrer Heldin mit. Mama darf in solchen Momenten ganz leise ein Kaugeräusch machen. So leise, dass es Lisa überhaupt nicht stört.

! Menschen reagieren sehr unterschiedlich auf Hypnotherapie. Das liegt zum einen an der persönlichen Empfänglichkeit und zum anderen am Ansatz des Therapeuten. Versuche, die Wut auszublenden oder Ursachen in der Vergangenheit zu finden, bleiben meist erfolglos. Bewährt hat es sich, das emotionale Gleichgewicht zu stärken und den körperlich spürbaren Triggerreflex positiv umzudeuten. Damit der Behandlungserfolg von Dauer ist, scheint es wichtig zu sein, tägliche Auffrischungsübungen zu machen. Auch wenn es nur selten gelingt, Trigger komplett aufzulösen - jede Reduzierung bedeutet eine spürbare Steigerung der Lebensqualität. Eine Kombination mit den anderen aufgeführten Methoden hat sich bewährt.

Hypnose

Bei der Hypnose hat Lisa sich vorgestellt, dass die Kaugeräusche raschelndes Laub bei einem Waldspaziergang sind. Das macht sie jetzt öfter, wenn sie ihre Triggergeräusche hört.

Bei der Tinnitus-Retraining-Therapie (TRT) kommen Hörgeräte zum Einsatz, die angenehme Geräusche abspielen (sogenannte Noiser). Dabei wird der Lautstärkepegel so eingestellt, dass der Tinnitus gerade noch wahrnehmbar ist, aber nicht mehr stört. So kann das Gehirn wieder anfangen, das Tinnitusgeräusch auszublenden. Ist das erfolgreich geschehen, kann die Lautstärke wiederum verringert werden, bis das Gerät im Idealfall dann nicht mehr benötigt wird.

Bei der Misophonie funktioniert es ähnlich: Wenn das Hörgerät das Triggergeräusch überdeckt, kann der Misophoniker entspannt bleiben. Kommt dann doch mal ab und zu ein Triggergeräusch leise durch, so hat das einen dauerhaft verbessernden Effekt, solange der Träger entspannt bleibt (siehe Konfrontation unter Entspannung).

Bei einem Test mit 184 Misophonikern zeigten 152 eine deutliche Verbesserung ihrer Problematik. Natürlich funktioniert das nur bei auditiven Triggern. Momentan kämpfen Misophoniker dafür, dass diese recht teuren Noiser auch bei Misophonie von den Krankenkassen bezahlt werden.

Tinnitus-Retraining-Therapie

Lisa hat beim Hörgeräteakustiker einen Noiser bekommen. Den kann sie super in der Schule benutzen. Man sieht ihn kaum und sie bekommt keine dummen Fragen wegen ihrer Kopfhörer mehr gestellt.

! Bei dieser Technik werden genau wie bei der Klopfakupressur bestimmte Punkte beklopft. Gleichzeitig kommt aber eine Technik aus dem Neurolinguistischen Programmieren (NLP) zum Einsatz: Ein Wort, das für den Trigger steht, wird auf unterschiedlichste Arten verfremdet ausgesprochen. In einem Versuch wurde diese Methode bei 60 Betroffenen angewendet:

- Bei 10% war der Trigger sofort nach der Behandlung vollkommen und dauerhaft verschwunden.
- Bei 85% wurde die Triggerintensität um etwa die Hälfte reduziert.
- Bei 5% zeigte die Behandlung keinerlei Wirkung auf den Trigger.

Der Zeitaufwand pro Trigger beträgt nur wenige Minuten und die Methode läßt sich gut als Selbstbehandlung durchführen.
Eingebunden in ein größeres Konzept erleichtert diese kleine Technik den Kampf gegen die Misophonie ganz enorm.

Neurolinguistisches Programmieren (NLP) mit Klopfakupressur kombiniert

Diese Technik findet Lisa einfach: Sie beklopft die Punkte, die sie schon durch die Klopfakupressur kennt, und sagt dabei ein Wort, das für das Geräusch steht, das sie triggert, z. B. "Kau". Dann verändert sie das Wort, sie sagt zum Beispiel Käu und Kao, flüstert und singt es und verändert es noch auf andere Arten und Weisen, die sie interessant findet. Direkt danach stört sie das Geräusch viel weniger und sie kann viel besser entspannt bleiben.

! Diese körperbasierte Technik hat sich besonders bei Misophonikern bewährt, deren Muskelreflex sehr stark ist und die dadurch schon dauerhaft verspannt sind.

Der Grund: Muskeln fangen an zu zittern, wenn sie entweder überlastet oder verspannt sind. Da Zittern verpönt ist, unterdrücken wir diese natürliche gesunde Funktion der Muskulatur vom Kleinkindalter an und haben uns als Kind und Erwachsener so daran gewöhnt, dass wir uns dessen nicht mehr bewusst sind. Durch gezielte Übungen kann man den Muskeln das Zittern wieder erlauben. Dadurch kann eine enorme Tiefenentspannung erzielt werden.

Trauma and Tension Releasing Exercises (TRE)

Wenn Lisa ihren Körper zittern und schütteln lässt, hat sie das Gefühl, dass alle Anspannung einfach wegfliegt. Danach ist sie immer ganz entspannt und die Trigger machen ihr viel weniger aus.

! Am Anfang ist es leichter, die Übung angeleitet durchzuführen. Für Misophoniker ist das Lernen in einer Gruppe problematisch. Besser eignet sich da eine Anleitung von einer CD oder von Youtube. Je eher die PME dann ohne Anleitung geübt wird, umso besser. Die übliche Reihenfolge der Muskelgruppen ist:

Fäuste
Unterarme
Oberarme
Stirn
Augen
Kiefer
Nacken
Schultern
Schulterblätter
Brustkorb
Bauch
Unterer Rücken
Po
Schenkel
Waden
Füße

PME als Therapie: 3-Schritte-Anleitung, Schritt 1

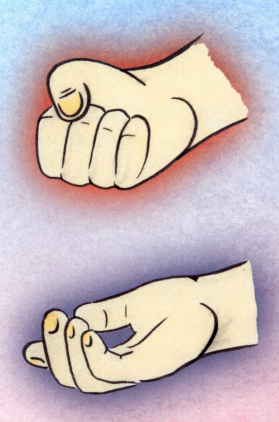

Im ersten Schritt erlernt man die klassische Methode der Progressive Muskelentspannung (PME) nach Jacobson. Nacheinander werden alle Muskelregionen des Körpers angespannt, einige Sekunden gehalten und dann entspannt. Geübt wird täglich mindestens einige Minuten lang.

! Die misophonische Reaktionskette (Trigger -> Muskelreflex -> Wut) ist zwar immer gleich, der Reflexmuskel jedoch bei jedem individuell. Durch die lange Gewöhnungszeit ist es dem Misophoniker selbst meist unmöglich, zu spüren, wo im Körper die Muskulatur auf den Trigger reagiert. Oft ist es hilfreich, wenn eine andere Person den Misophoniker beobachtet, während er getriggert wird. Ist der Reflexmuskel bekannt, ist es natürlich besonders effektiv, diesem Bereich bei der Progressiven Muskelentspannung große Aufmerksamkeit zu schenken.

Ist der Reflexmuskel unbekannt, entspannt man alle Muskelgruppen und legt besondere Aufmerksamkeit auf den Schulter-Nacken-Bereich. Bei der Hälfte aller Misophoniker befindet sich der Reflexmuskel in dieser Region.

PME als Therapie: 3-Schritte-Anleitung, Schritt 2

Im zweiten Schritt wird das vorherige Anspannen weggelassen. Durch das Training im ersten Schritt wurde genügend Körpergefühl entwickelt, um die Muskeln aus der Alltagsanspannung heraus bewusst weiter entspannen zu können. Also: Nacheinander werden alle Muskelregionen des Körpers entspannt.

! Die Fähigkeit, seinen Körper auf Kommando entspannen zu können, ist ein wertvoller Schatz - nicht nur für die Anwendung gegen Misophonie. Sie hilft z. B. in Prüfungssituationen, bei Lampenfieber, gegen Ängste oder auch einfach beim Einschlafen.

PME als Therapie: 3-Schritte-Anleitung, Schritt 3

Im letzten Schritt werden immer größere Muskelbereiche gleichzeitig entspannt. Schließlich lässt sich der gesamte Körper auf einen inneren Befehl hin entspannen. Nach einiger Zeit der Übung wird diese Entspannung zur Konditionierung. Dann braucht man in jeglicher Situation einfach nur ans Entspannen zu denken und der Körper wird sich automatisch lösen. Bis es soweit ist, benötigt es in der Regel mehrere Wochen täglichen Übens.

> **!** Misophoniker, die die Technik der Progressiven Muskelentspannung gut beherrschen, können Trigger auf diese Art bereits innerhalb von 5 bis 6 Trigger-Situationen auflösen!

PME als Therapie: Die Anwendung

Die neue Fähigkeit kann nun eingesetzt werden, um die misophonischen Reflexe aufzulösen. In einer Triggersituation denkt man "Entspannung". Der Körper entspannt sich, die Triggerreaktion wird wesentlich geringer ausfallen. Das Gehirn schraubt die Reflexintensität dauerhaft zurück - jedes Mal, wenn man es schafft, die Triggerreaktion durch die konditionierte Entspannung geringer als normal auslösen zu lassen. Allmählich verschwindet die misophonische Reaktion komplett.

Für Nicht-Betroffene: Ein Ausflug in die Gewaltfreie Kommunikation (GFK)

In der Gewaltfreien Kommunikation nach Marshall B. Rosenberg geht es darum, eine Verbindung zum Gegenüber zu schaffen. Die meisten unserer üblichen Verhaltensweisen, mit denen wir zu helfen oder trösten versuchen, sind eher nicht dazu geeignet, zu verbinden - sie sind sogenannte Empathieblocker.
Wenn ein Misophoniker von seinem Problem erzählen möchte, dann sagt er vielleicht: "Ich halte dieses Geräusch nicht aus, ich könnte jedes Mal in die Luft gehen, wenn ich das höre". Die folgende Reaktionen werden ihm höchstwahrscheinlich nicht helfen, sondern eher dazu führen, dass er sich noch schlechter fühlt:

Vernriedlichen
Na ja, jeder hat so seine Problemchen.

Berichtigen
Eigentlich kann das nicht sein, mich stört das ja auch nicht.

Erklären, rechtfertigen
Aber ich kaue doch ganz normal! Es stört ja auch sonst keinen!

Abwimmeln
Ach, das geht schon wieder weg, hör einfach nicht hin.

Erpressung
Wenn Du mich wirklich lieb hättest, dann würde Dich das nicht stören!

Ratschläge geben
Ich kenne einen Psychologen, da musst du mal hingehen. Oder genieß das Geräusch doch einfach!

Sympathisieren, Partei ergreifen
Das kenne ich, mich ekelt es auch, wenn ich jemanden mit offenem Mund Kaugummi kauen sehe.

Verurteilen
Ich denke, dass du einfach zu empfindlich bist. Wenn Du Dich da so hinein steigerst, ist es kein Wunder, dass Dich das so fertig macht.

Beruhigen, trösten
Du brauchst dich davon nicht stressen zu lassen, das ist ja nicht böse gemeint.

Normalisieren
Das ist ganz normal, da bist Du nicht der/die einzige.

Bemitleiden
Echt? Du Ärmster, das ist ja wirklich schrecklich!

Verhören
Was genau stört dich denn daran? Warum ist das bei dir so? Hast du das schon länger?

Eins drauf setzen
Das ist noch gar nichts. Was denkst Du, was mich alles fertig macht?

! Da viele Betroffene gar nicht wissen, dass es Misophonie ist, unter der sie leiden, gibt es allerdings doch einen Hinweis, der ihnen weiterhelfen kann:

**„Kennst Du den Begriff ‚Misophonie'?
Wenn Du bei bestimmten Geräuschen wütend wirst, könnte es das sein, woran du leidest."**

Empathie erleichtert und entspannt

Wie kann eine einfühlsame Reaktion aussehen?
Oft ist es hilfreich, aber auch sehr schwierig, einfach nur zuzuhören.

In der Gewaltfreien Kommunikation geht es darum, Gefühle und Bedürfnisse wahr- und ernstzunehmen. Das kann zum Beispiel so aussehen:

> Das Geräusch macht Dich total wütend? Brauchst Du jetzt einfach Ruhe?

> Das klingt, als wärst Du ganz schön verzweifelt!

Auf diese Weise kann sich ein einfühlsames Gespräch entwickeln, das den Misophoniker entspannt, weil er bei seinem Gegenüber ein offenes Ohr findet.

MEHR ZUM THEMA

Misophonie verstehen und überwinden

Thomas H. Dozier forscht seit 2012 zum Thema Misophonie. In diesem Buch erklärt er sie wissenschaftlich und doch leicht verständlich und widmet sich besonders ihren Behandlungsmöglichkeiten. Denn es ist möglich, Misophonie in den Griff zu bekommen und das Leiden, das sie mit sich bringt, weitestmöglich zu reduzieren.

Mehr unter

www.misophonie.de

Impressum
Seebeck / Homrighausen:
Misophonie - Lisas Wut und die Geräusche
Copyright by Lotus-Press, 2020
All rights reserved
www.lotus-press.com